吕 惠存

楚再 沈 演铢 留.

색고운
황혼녘길 단상

폄亭 심인수 시집

청옥

색 고운 황혼녘 길 단상

설렘의 작은 소망

큰 기쁨으로 다가오소서

펴면서 – 시인의 말

『색 고운 황혼 녘 길 단상』은 저물녘 빛처럼 스러져가는 것들에 대한 조용한 노래입니다.

젊음이 지나간 자리에 피어나는 사유와 감정의 결을 따라, 저자는 삶의 황혼길 위를 걸었습니다.

이 시집은 봄, 여름, 가을, 겨울 그리고 마지막으로 고향과 제2의 고향을 주제로 한 다섯 갈래의 단상으로 구성되어 있습니다.

동심의 고향 합천과 현재 삶을 향유하고 있는 다대포의 여름 바다, 승학산의 억새꽃, 을숙도의 철새와 갈대, 감천문화 마을의 골목길, 영축산 통도사 무풍한솔길까지 모든 풍경은 제 안에서 시가 되었습니다.

곱게 늙어간다는 것, 잊지 않겠다는 것, 그리고 언제인가 다시 만날 수 있다는 희망 – 그 모든 것을 시로 남기고 싶었습니다.

많은 독자들에게 삶의 행복 궤적을 높게 그려줄 수 있는 작가가 되고 싶습니다.

이 책의 시들이 당신의 황혼 녘에도 색 고운 여운으로 스며들기를 바랍니다.

출판에 도움을 주신 여러 선생님들께 감사드립니다.

2025년 8월 어느 날

폼후 심인수

CONTENTS

┃펴면서 ― 시인의 말

제1부 봄의 향연 꽃축제

13 … 봄의 향연 꽃축제
14 … 내 인생의 봄
15 … 산사山寺의 밤하늘 별꽃
16 … 봄날의 정취
17 … 회억의 상춘
18 … 벚꽃 축제
19 … 이팝나무 쌀 꽃
20 … 봄바람 꽃길
21 … 통도사 홍매화
22 … 목련화
23 … 오월의 상념
24 … 결혼
25 … 동춘動春
26 … 봄비 연가
28 … 하얀 목련
30 … 생동生動의 봄
31 … 젊은 날의 그리움
32 … 봄비

목차

제2부 다대포의 여름 바다

그리움 … 35
다대포의 여름 바다 … 36
향수鄕愁 … 38
아카시아 꽃향기 … 39
백일홍 가로수 길 … 40
바람의 자취 – 가곡 음반 작사 – … 41
몽환夢幻의 사색 … 42
나의 사랑님 … 44
서운암에 피는 별꽃 … 46
살맛 나는 세상 – 트로트 음반 작사 – … 48
해변의 추억 … 49
세월 … 50
소요유逍遙遊 … 51
별빛 같은 나의 사랑 … 52
마음 꽃의 기도 … 53
시,서,화詩書畵의 길 … 54
젊은 날의 연가 … 55
꽃 내림 치유의 길 … 56

제3부 가을이 좋다

59 … 색 고운 황혼 녘 길 단상
60 … 가을이 좋다
62 … 추색秋色의 을숙도
63 … 을숙도 단상斷想
64 … 승학산 억새꽃
65 … 초추初秋
66 … 꽃무릇 상사화
67 … 세월 열차
68 … 구름 꽃
69 … 가을 단풍
70 … 가을 스케치
71 … 가을 단상斷想
72 … 추심秋心
73 … 가을이 오는 소리
74 … 핑크뮬리
76 … 만추 상념想念
77 … 어느 가을날의 향수 – 동요 음반 작사 –
78 … 가을 촌경村景

제4부 서운암 오름길

서운암 오름길 … 81
겨울날의 바다 … 82
영축산 서운암 … 84
정월 대보름 … 85
통도사 자장매 … 86
통도사 꽃축제 … 88
겨울꽃 송설화松雪花 … 89
페리칸사스 열매꽃 … 90
동백꽃 … 91
불심佛心 찬탄贊嘆 … 92
구도求道의 산사山寺 … 94
아름다운 노년 … 95
아프레 솔라Apres sela … 96
다대항 산책길 … 98
그리움 2 … 100
묵상 기도默想 祈禱 … 102
운명애運命愛 … 103
동행 … 104

제5부 그리운 어머니

107 … 그리운 어머니
108 … 노생老生
109 … 생일 맞은 당신에게
110 … 정겨운 다대항
111 … 다대포항 캔버스
112 … 감천 문화 마을
113 … 다대항 일출
114 … 해인사 소리길
115 … 향수鄕愁 2
116 … 영축산 오름길
117 … 을숙도에 피는 별꽃
118 … 대야성 함벽루
119 … 그리움 2
120 … 고향 스케치
122 … 어머니 전상서
124 … 시골 밤
125 … 손편지
126 … 여 백

▎닫으면서 — 작가의 변辯
127 … 색 고운 황혼 녘 길 단상斷想

제1부
봄의 향연 꽃축제

대한민국 미술대전 수상작

봄의 향연 꽃축제

봄을 실은 초록 물빛에 겨울 나목 꽃망울 달고
마음속 무거운 빗장 풀어 고운 사랑님 맞으렵니다
메마른 가슴에 청미한 설렘의 꽃바람 불어오니
격한 떨림의 몸부림으로 한 잎 두 잎 꽃잎 열고
그대의 심장에서 들려오는 사랑의 노래 꽃다림 소리
그대 모습에 반하고 향기에 취하는 봄의 향연 꽃축제

노랑 햇살이 내리는 봄날 시샘하는 꽃바람 잠재우고
생명이 움트는 계절 한 가닥 신록 물빛 흐르는데
대지의 기운 가득 담은 뒤란 화원 꽃들의 박물관
벅찬 몸부림 떨림 소리에 한 잎 두 잎 꽃잎 빗장을 열고
여린 속살 내밀며 속눈썹 세우고 살포시 웃는 자태
그녀의 미소에 취하고 향기에 취하는 봄의 향연 꽃축제

* 꽃다림 : 봄철 들과 산의 꽃을 따서 전을 부쳐 먹는 놀이
* 뒤란 : 집 뒤의 울타리를 둘러친 안

내 인생의 봄

노랑 햇살 얼굴 내밀면
설렘의 가슴 안고 꽃길 나선다
젊은 날 핑크빛 그리움 안고서
하늬바람 흐르는 추억 담은 길
꽃비 맞은 신록 옥구슬 머금고
언밀言謐한 마음 파득일 때면
수채화 같은 우미함에 취하고
가뭇없이 사라진 세월 아쉬웠지만
찬연燦然한 선경에 마음의 회심처 찾았네

봄 햇살에 팝콘처럼 터지는 벚꽃
움츠린 가슴 열고 벚꽃길을 나선다
돋을볕 꽃향기 가슴에 담고서
순치한 남녘 바람 꽃잎 춤추고
잠에서 깨어난 한줄기 바람 꽃비 뿌린다
유수 같은 세월 속에 내 인생 황혼
아름다운 황혼 속 켜켜이 쌓이는 고혹함
그래도 오늘이 내 인생의 가장 젊은 날
심산유곡 청류처럼 명징明澄한 여생 살아보세

* 돋을볕: 아침에 해가 솟아오를 때의 햇볕

산사山寺의 밤하늘 별꽃

별빛 내리는 고적한 산사 그리움 한가득
짧은 만남 깊은 사랑 해어화解語花로 다가와
연민의 정 설레는 가슴 주체할 수 없네
무풍한솔길 타고 올라 고샅길의 꽃 마중
청미한 월하의 자태 시샘하는 꽃바람 잠재우고
산사 화원 수놓는 별꽃 축제

미리내 흐르는 명미한 밤하늘
한줄기 하늬 바람에 타는 가슴 애마르네
산사 풍경 소리 가사 없는 새들의 노랫소리
노랑 햇살 내리는 봄날 생명이 움트는 꽃물 받아
찬바람 이겨낸 나목가지에 꽃망울 달고
벅찬 몸부림으로 한 잎 두 잎 빗장 연 꽃잎들
산사 화원 수놓는 별꽃 축제

* 해어화解語花: 말을 알아 듣는 꽃, 지적 미인을 말함.
* 애마르다: '애타다'의 함경남도 방언.

봄날의 정취

봄볕 따스한 날
수채화 속 화원에는
벌 나비 놀이터
연둣빛 새싹들 고사리손
꼼지락꼼지락
하늘을 향하고
봄날의 정취
동화 속의 나라

남녘 남풍 부는 날
꽃물 담은 봄비 내리고
비 갠 봄날 티 없이 맑고
무채색 대지는 오방색 옷 갈아입네
혹한의 엄동 밀어내고
만물이 소생하는 봄
황혼의 가을 단풍 예찬하지만
설렘의 봄꽃만 하리요

회억의 상춘

꽃비 내리는 통유리창
버꾸춤으로 날아든 꽃잎
청순 단명으로 그 모습 아쉽고
보석 같은 봄비 속 물방울
통나무집 커피잔 마주하고
무언의 속마음 읽어 내리던
약속했던 그날의 추억

봄비 내리는 카페 유리창
화려한 꽃단장 산산이 부서지고
이산의 꽃잎들 눈물 속에 날아 붙네
보석 같은 물방울 원망스런 봄비
그 옛날 마주했던 통나무집 창가에
진한 커피 향만 회억 되는 상춘
윤회되는 봄꽃은 다시 찾아왔건만
한번 떠난 그 임은 다시 올 줄 모르네

※ 버꾸춤: 풍물 놀이에서 버꾸재비들이 버꾸를 치면서 추는 춤

벚꽃 축제

꽃물 담은 꽃봉오리
탐스럽게 영글고
해님의 따스한 온기 받아
달님이 밤새 팝콘으로 만들었네
허기진 동네 아이들 간식으로
꽃봉오리 튀겼네요
명징한 달빛 받은 고운 모습에
흥겨운 상춘객 봄의 향연 벚꽃 축제

엄동설한 폭풍 한설
노랑 햇살로 밀어내고
나목 가지 위에 꽃물 타고 올라
하얀 밤 화원으로 수놓았네
순백의 화신들이 무리 지어 단장하고
한줄기 봄바람에 버꾸춤 춤사위로
짧은 생명 꽃비 되어 낙화하니
꽃물 든 순백 화원 봄의 전령 벚꽃 축제

이팝나무 쌀 꽃

보릿고개 힘든 계절 오월의 쌀 꽃
주린 배 채워주는 마음속 부자 꽃
명징한 달빛 아래 하얀 미소 정겹고
오늘도 걷고 있네 추억의 하얀 길
이팝나무 꽃송이 눈처럼 쌓였는데
그 시절 생각하면 먹먹해지는 가슴
주린 배 간장 물 감정이 굴절된다

찔레 순 꺾어 먹고 진달래 꽃잎 먹던
설익은 세월 동심 속 죽마고우
지금은 어디서 어떻게 살고 있을까
공원 산책길 머리 위에 꽃잎이 내린다
쌀밥이 내리는 이팝나무 길
바람에 밀려온 오월의 하얀 향기
그 옛날 굶주림에 하얀 쌀밥 그리며
그대의 하얀 미소에 취해 버렸네

* 이팝: 이밥 즉 흰밥을 이르는 말에서 유래

봄바람 꽃길

갈애의 호곡 속에
목마름 해소하는 연서
겨우내 기다림의 기우
봉긋봉긋 젖가슴 꽃망울
단물 먹고 소리 없이 자라고
대지의 만물 동면에서 깨어나
기지개의 속삭임에 꿈틀대면
봄꽃이 피어오르던 꽃눈
소리 없는 봄비에 몸집을 키우네

강나루 따라 긴 언덕길
연초록으로 채색될 때면
꽃봉오리 앞다투어 빗장 열고
상춘객 맞이 방긋 웃음 띄우리라
고독한 긴 세월 보낸 고목 우듬지
연초록 삶이 솟아나 봄 햇살에 빛나고
겨우내 목마른 대지 촉촉이 적셔
감로수 봄비 속에 활기를 찾고
긴 동면 떨쳐내고 봄꽃 향기 피우렵니다

통도사 홍매화

청미한 달빛 아래 시린 꽃망울
보름달 매화 가지에 걸렸고
혹한을 견뎌낸 봄의 전령
붉은 꽃망울 팝콘처럼 터져 올라
고매한 자태와 은은한 향기
수줍은 듯 홍조를 띠고 살포시 내미는 얼굴
통도사 만첩 홍매 자장 분홍매
바람 탄 매향 쫓아 중생들 몰려드네

에움길 돌아 꽃망울 잉태한
목마른 나목 꽃물 공중 부양
잠류潛流의 물 다발 타고 올라
붉은 꽃망울 팝콘처럼 터지는데
꽃샘바람 거친 호흡 지나간 뒤에
지순한 기다림 씻어내는 미소 띤 얼굴
통도사 자장 매 불멸의 자비
향기 만당 꽃자리 중생들 찾아드네

목련화

꽃비 내리는 날
옥구슬 달린 얼굴에
단아한 자태로
백옥 웃음 띄우네
여린 알몸의 나목
혹한의 에움길 돌아
산고의 고통 안고
꽃중의 꽃 군계일학

봄비 내리던 날
세수한 얼굴에
고매한 자태로
상춘객 맞이하네
북풍한설 견뎌내고
에움길 사계를 돌아
기다림의 해우일진데
별리의 갈무리 어찌하려고

오월의 상념

대지 위에도
나뭇가지 위에도
초록이 몰려온다
계절의 여왕
길손들의 경쾌한 웃음소리
마주보기 힘든
강렬한 빛에
오월의 신록은 익어간다

화사한 봄꽃 떠나고
싱그러운 신록이 찾아왔다
고목 우듬지에도
돋아난 새순 생명의 꿈을 피운다
꽃향기 싣고 오던 남녘 바람
연둣빛 여린 새싹을 싣고 와
생명을 움 틔우는 봄 햇살에
초록 물결 짙어가고
버꾸춤 추는 오월은 익어간다

* 버꾸춤 : 풍물놀이에서 버꾸를 돌면서 추는 춤

결혼

눈부신 햇살 받아 새순 솟아나
에덴의 동산에 사랑의 꽃 피운 커플
약속의 손 마주 잡고 믿음의 열쇠 받으니
초대받은 많은 하객 박수로 화답하네
만인의 축복으로 행복 물 샘솟고
설레는 연인의 싹 결혼으로 꽃 피우니
서로를 이해하고 서로를 사랑할 때
두 강물 합치어 큰 바다 이루리라

서로는 사랑하되 사랑에 매이지 말고
서로는 마음과 가슴을 함께하고
너무 가까이도 멀리도 아닌 곳에서
격랑의 바다를 헤쳐 나갈지라도
둘이서 둘이 아닌 하나가 되어
에덴의 나무에 사랑의 열매 맺고
세상의 온갖 시련 쓰나미로 밀려와도
일심동체 사랑의 힘으로 이겨내리라.

동춘動春

물오름의 3월이 되면
고로쇠나무 수액의 달콤함이
몸속 깊이 무기질로 스며들고
생동하는 대지로 달려가리라

아지랑이 피는 3월이 되면
아지랑이 찬연한 햇살에 빛나고
들판의 청보리 녹색 옷 채도를 높이면
남녘의 꽃바람 마중 가리라

홍매화 피는 3월이 되면
고향의 꽃동산 약수터 옹달샘
추억 속의 동화 뇌리에 스쳐 가고
개여울 동심의 풀피리 소리 그리워라

봄비 연가

창 넓은 산속 카페
커피 향을 마신다
유리창에 흐르는 빗물은
가슴속 고독의 눈물이던가
오는 사람 없는 빈자리 비워놓고
흐려져 가는 흑백 추억 더듬어본다

예쁜 꽃잎 다칠까 봐
소리 없이 내리던 봄비
한줄기 세찬 바람에
낙숫물 난타 공연을 한다
차라리 바다 같은 홍수 되면
떨어진 꽃잎 배 타고
임 계신 곳으로 노 저어갈까

가슴속 깊이 묻어 둔
빛바랜 연분홍 사연
새록새록 봄비에

돋아나는 새싹처럼
가슴속에 피어올라
그리움에 허기진
갈애의 호곡 속에
세찬 봄비 가슴만 울리네

하얀 목련

별빛 내리는
고적한 밤
가슴 에이는
그리움…
고매한 자태의 당신

짧은 만남
깊은 사랑으로
한 해를 보내고
해어화解語花로 다가와
설레는 가슴 주체할 수 없네

사랑이 머문 자리
그리움만 쌓이고
월하의 백옥미인
가뭇없이 떠나가는
청미清美한 당신

미리내 흐르는 밤
명미明媚한 밤하늘
하늬바람 스쳐가고
미인박명 짧은 만남
타는 가슴 애마르네

생동生動의 봄

따스한 남녘 꽃바람
생명 담은 고운 바람
공원 산책로 길섶 가장자리
앞다투어 잎눈 틔우고
겨우내 마른 나목 가지 끝
하루가 다르게 커져가는 꽃망울
대지를 박차고 얼굴 내민
연초록 새싹 키 자람 다투네

졸 졸 졸 시냇물 연주에
노래하는 새들의 합창
동백 아씨 떠나가니
화사한 벚꽃 웃음 띄우고
실려 오는 바람결에
아지랑이 춤추며 다가오는데
대지가 생동하는 봄날
움츠렸던 가슴 펴고 박차고 나가리라

젊은 날의 그리움

아스라이 지나간
젊은 날의 그리움
풋풋한 젊음은
보랏빛 사랑이었다.

새싹이 솟아나고 꽃이 핀다
비가 오고 눈이 내린다
단풍 들고 낙엽이 진다 한들
지나간 젊음은 가슴앓이 그리움이었다.

시계 바늘 되돌릴 수 있다면
사랑과 젊음 뜨겁게 불태워
젊은 날의 아득한 세월 너머 솟은 그리움
아스라이 사라지게 황혼빛 여생 즐기리라

봄비

겨우내 찬 바람 속
애타게 기다린 임
목마르게 기다려도
물 한 모금 주지 않고
야위어진 몸 나목 아래
바스락거리는 주검의 낙엽들
메마른 가슴 적셔주는 봄비 내리면
연서 담은 임의 소식 맞으오리다

애타게 기다린 임 당신이 찾아올 때면
개나리 진달래 복사꽃 봄의 화신들
노랑 웃음 붉은 웃음 오색 웃음 띄우고
고운 임 버선발로 반기오리다
봄비 단비 되어 소식 전하면
개화된 꽃잎이 다친다 해도
우주 만물 생명을 안겨주는 봄비
기쁨의 눈물로 맞으오리다

제2부

다대포의 여름 바다

대한민국 미술대전 수상작

그리움

샤그락 샤그락 찬연한 댓잎 소리
초록 바람 타고 임 소식 전해오려나
마음의 안식처 고향 집 대청마루에 누우면
얼굴을 스치는 자연 바람이 그립다

학창 시절 나만의 공부방
독수공방 책더미 속에 파묻힐 때면
고요를 깨고 처마 밑에 떨어지던
적요寂寥를 깨는 낙숫물 소리가 그립다

달맞이꽃 노랑 웃음 띠우는
졸 졸 졸 시냇가 달빛 내린 고향 뚝방길
그대와 함께 풀꽃반지 끼워주고
페넬로페 별 헤던 추억 속의 밤이 그립다

사랑이 머문 자리 그리움이 남는다
피안彼岸을 찾아 삶의 공간에서 사랑했던
모든 일들이 돋을볕처럼 솟아올라
그리움 승화하는 소요유逍遙遊의 여생 살리라

* 돋을볕: 아침에 해가 솟아오를 때의 햇볕

다대포의 여름 바다

윤슬의 남해 바다
광활한 망망대해
파도의 이랑속으로
가뭇없이 사라졌다
나타나는 돛단배
명징하게 표백된
하얀 구름 사이로
가사 없는 갈매기
노래 소리 정겹고
행글라이드의 곡예가 있는
다대포 여름 바다가 좋다

파도의 편린들이
호곡으로 부서져도
해변 축제 모래장
해변 입구 전라의 여인상
제피로스 힘을 받아
팔등신을 뽐내고

형형색색 파라솔 밑
비키니 연인들에
*도반道伴을 잃고
금단의 시각視覺이 허락되는
다대포 여름 바다가 좋다

* 도반道伴 : 함께 수행하는 벗

향수 鄕愁

갈맷빛 미루나무 우듬지
왕매미 소리 음계를 높이고
모내기 끝낸 논 벼 자람 다투니
들녘의 물너울에 풍년을 예고한다.
어둠 내린 서쪽 하늘 저녁연기 피어오르면
명징한 갈애의 고향 현란한 별빛 내리고
추억 묻은 죽마고우 향수鄕愁에 젖는다

젊은 날의 완행열차
나이 드니 고속열차
훔쳐간 세월 적요寂寥의 채록된 연민
향수 담은 간들 바람에 그리움의 멀미가 난다
꽃처럼 웃고 새처럼 노래하며
얼룩말 건반 위 음계 높인 세월의 음률
행복 바구니 채워가며 피안彼岸의 길 찾으리라

* 갈맷빛: 검은 빛이 들 정도로 짙은 초록색
* 피안彼岸: 번뇌, 고통, 생사고해 잊고 이상경의 언덕에 도달하는 것

아카시아 꽃향기

짙어지는 신록
언덕배기 고샅길
상큼한 향기를 뿌리고
윙윙대는 벌 떼들
주저리주저리 하얀 꽃집 찾아
줄 이어 찾아드네
아카시아 꽃향기
어린 시절 동심의 하얀 그리움

정원에서 쫓겨난
천대받은 몸이지만
상큼한 향기를 선사하고
하얀 웃음으로 길손 맞는
오월의 여왕이라
그윽한 바람 꽃향기로 유혹하니
하얀 옥구슬 드리우고
꿀 찾는 벌 떼들 사랑 노래 부른다

백일홍 가로수 길

폭염의 한여름
가로수 우듬지
매미 소리 요란하고
따가운 햇살에 분홍빛 여름은
짙게만 채색된다

한줄기 산들바람에
얼굴 붉히는 가로수 길 백일홍
그 누가 화무십일홍이라 했던가
백일홍 가로수 길
끝나지 않을 듯한 폭염의 여름
피고 지고 연분홍 웃음으로 길손 맞이하네

백일홍 가로수 길
왕매미 소리 여름 따라 멀어질 때면
청미한 가을 하늘 아래
옥구슬 이슬 돋을볕에 사라지고
황금 들녘 가을은 다시 찾아오겠지

* 돋을볕: 해돋이 무렵 처음으로 솟아오르는 햇볕

바람의 자취
－ 가곡 음반 작사 －

고요한 능선에 안개비 내리고
이슬 젖은 바위엔 그리움 한가득
누구의 숨결인가 스쳐 간 그 자리
농익은 사연들 바람결에 흐르네

그늘진 숲속에 새벽이 머물고
이름 없는 돌 하나 여명을 받아서
세월 속에 잊혀진 그 옛날 노래처럼
가슴속 사연들 바람결에 흐르네

몽환夢幻의 사색

노을 진 창가에 앉아
가사 없는 새들의
노랫소리 들으며
진한 커피 향에 취해본다
높푸른 도화지 하늘
청미淸美한 구름들의 그림
한가롭게 흐르며
잠상潛像으로 남는다

마른 꽃 걸린 창가
그 옛날 그 자리
둘이 혼자 되어
하냥 겨운 그리움만 삼킨다
가사 없는 새들의
노랫소리도
황혼빛 따라 사라지고
무채색 어둠이 내린다

달빛 받은 이팝나무
항아姮娥의 하얀 쌀 꽃
어둠을 살라 먹고
주위를 밝히는데
임 잃은 나그네는
깊은 갈애渴愛속
자아를 정화하며
부침浮沈하는 영혼을 달랜다

나의 사랑님

혼자 걷는 길
그리움 안고 걷고
둘이 걷는 길
사랑을 담아 걷고
셋이 걷는 길
우정을 나누며 걷는다
임의 손 마주 잡고
사랑 길 걸으리라

장미화 백송이
황홀하지만
화무십일홍이라
마음속 꽃 한 송이
청미하게 길러내어
평생 함께하게
마음속 깊이 담아
바치오리다

바다가 깊다 한들
내 사랑만큼 깊으리오
하늘이 높다 한들
내 사랑만큼 높으리오
바다보다 하늘보다
깊고 높은 내 사랑
곡진한 이내 마음
무엇으로 전하리오

서운암에 피는 별꽃

시골 밤하늘에만
흐드러지게 피는 꽃
은하수 꽃길 따라
찾아와 웃음 띠는 야화夜花
조각배는 떠가고
반짝이는 별꽃 웃음
영축산 서운암 밤하늘을 수놓네

달빛 아씨 숨은 밤
별꽃 화원 빛나고
천상화원 별꽃 찾아
팔베개로 머리 괴고
잔디 방석 깔고 누워
반딧불이 별꽃 따라
불을 켜고 춤을 추네

영축산 서운암 밤하늘
계절 없이 피는 별꽃
비라도 내리는 여름밤이면

천둥번개 무서워
구름 속에 숨었던가
밤하늘 별꽃 찾아
산사길에 오르네

살맛 나는 세상
― 트로트 음반 작사 ―

좋아 좋아 좋아 인생 삶이 좋아
어제는 아픈 추억 지나가서 좋고
내일은 꿈 보따리 다가와서 좋고
Hear and now
여기 이 시간 내 삶의 가장 좋은 날
브라보 브라보 브라보
우리 삶 살맛 나는 세상이로세

멋져 멋져 멋져 인생 삶이 멋져
어제는 추억의 그리움에 좋고
내일은 여생의 황혼빛에 좋고
Hear and now
여기 이 시간 내 삶의 가장 젊은 날
화이팅 화이탕 화이팅
우리 삶 살맛 나는 세상이로세

해변의 추억

해변의 추억이 서린
바닷가 모래장을 찾는다
파도에 씻긴 모래알들
여인네 속살처럼 부드럽다
손가락으로 그리운 얼굴
이름 석자 적어 본다
파도에 씻겨 사라지지만
해변의 추억 가슴속 깊이 남았네

밤하늘 별들만큼이나
많았던 우리의 세설細說
모래 속에 묻어 두고
짝 잃은 철새 되어 제 갈 길을 떠났었지
젊은 날의 추억들 그리움으로 다가오지만
인생은 창문 틈새 스쳐 가는 바람처럼
해변의 추억 한순간인 것을
아름답던 추억의 편린들 고이 간직하리요

세월

따스하던 햇살
대지의 온도를 올리고
아지랑이 피어오르던 언덕
뜨거운 열기가 피어오른다
저마다 아름다운 자태를
자랑하던 봄꽃들은 자취를 감추고
익어가는 시간 속에
신록은 초록으로 채색된다

세월의 흔적
온몸으로 찾아들고
나부룩한 추임새 어렵겠지만
물욕 없는 풍요로움
밝은 표정 그리면서
가는 세월 한탄 말고
지금 이 자리 행복의 꽃자리
가는 세월 즐기면서 여생을 사세나

소요유 逍遙遊

생로병사 인생 여로
즐겁고 행복했던 시간들
슬프고 불행했던 시간들
삶의 여정에 누구나 겪지 않은 사람 있을까
삼라만상 심원深遠한 우주의 법칙
억겁 넘어 영원한데
짧디짧은 편도의 인생 여로
소풍 가듯 즐기며 가세나

구름이 흘러가듯
강물이 흘러가듯
바람 따라 물길 따라
흘러가는 우리 인생
애달프다 슬퍼 말고
인생 여정 즐기세나
행복은 욕망분의 일
지금 이 자리에 만족하고
안분지족의 마음으로 사세나

별빛 같은 나의 사랑

인생 삶의 궤적 속에서
천상의 수많은 별들중에
조우遇遭 된 너와 나의 별
젊은 날의 풋풋한 당신
싱그러움에 취해도 보고
언밀言謐한 사랑도 했지만
뭔가 다난했던 젊은 날의 초상
뒤돌아볼 새 없이 앞만 보고
두 손 잡고 달려왔네요

어느새 해는 서산을 향하고
가속되는 세월 제동 걸 수 없으나
가을 단풍이 봄꽃보다 아름다워요
잘 익은 단풍 원숙한 아름다움으로
나만 믿고 살아온 처연悽然한 사람
적막한 어둠 태우고 별자리 지키는
한결같은 사람 별빛 같은 나의 사랑

마음 꽃의 기도

마음의 문을 열면
사랑이 들어오고
사랑의 음계가 있는 곳에
행복의 차크라 들어오게 하소서

돋을볕 햇살 희망의 아침
동살 받은 활기찬 하루
장천의 편안한 날들
감사하는 날 되게 하소서

지나간 어제는 잊고
지금 여기 최선을 다하고
다가올 설렘의 내일은
꿈과 희망의 시간 되게 하소서

화사한 햇살 같은 웃음으로
지묘至妙한 마음 꽃피우고
촉수 세우는 꽃내음 상큼한
향기 나는 삶 살게 하소서

* 차크라: 인간 신체의 여러 곳에 있는 정신적 힘의 중심

시, 서, 화詩書畵의 길

시인을 언어의 마술사라 했던가
아직은 정제되지 않은
소연昭然하지 않은 시어로 문장을 구성하니
매욱할지는 몰라도 머나먼 배움의 길
예술이 좋아 찾아 나선 시인 서화 작가
여생이 저만치인 작가의 인생 여로
시詩 서書 화畵가 좋아 찾아드는 길
소요유逍遙遊의 마음으로 세월 잊고 가련다

모필을 운필하니 서화 작가라했던가
긴 세월 묵향 속에 붓을 잡고
문력文歷 서력書歷, 화력畵歷 키웠건만
회억의 그림자 길게 늘어진 자리
문방사우 집필 활동 정결한 그리움만 쌓이네
요원하기만 했던 머나먼 배움의 길
서예 명인 인정서 얻고 나니 나의 인생 후반전
예술의 길 나볏한 마음으로 세월 잊고 가련다

* 나볏하다: 매우 떳떳하고 의젓하다

젊은 날의 연가

아스라이 스쳐 간 날
풍요롭지는 않았어도
푸른 꿈과 희망이 숨 쉬고
연초록 새싹처럼 명미한 성채였다
청춘의 수채화를 화폭에 담고
우주의 명멸하는 이름 모를 별들
꿈 실은 너와 나의 별을 노래했었지

채워도 헛헛하기만 했던 날들
공간과 여백이 꿈과 희망으로 채워지고
찬미했던 청춘 순정 어린 젊은 날의 연가
별빛 쏟아지는 밤 호숫가 벤치
깊어 가는 연심 그리움으로 다가온다
꽃물 담아 가는 황혼 앞에서
찬연燦然을 꿈꾸었던 젊은 날을 노래 부르리

꽃 내림 치유의 길

설익은 마음
젊은 날의 초상
그리움 한가득 드리울 때면
꽃들이 웃음 띤 거리로 나선다
보랏빛 원추리꽃
노랑 웃음 개나리꽃
거리를 밝히는 만개한 벚꽃
너울 바람에 춤을 춘다

울적한 마음
가슴에 차오르면
청심한 마음 찾으려고
봄꽃 핀 거리로 길을 나선다
고매한 하얀 빛 목련화
정열의 붉은 동백꽃
청신한 꽃바람 속 마음은 환기되고
봄꽃 화원 길 치유의 길이로세

제3부
가을이 좋다

대한민국 미술대전 수상작

색 고운 황혼 녘 길 단상

한 무리 기러기 떼
황혼 녘 서산을 넘고
색 고운 황혼 녘 길
하늬바람 불어오면
붉게 물든 물이랑
겹겹으로 다가오고
가끔 스쳐 가는 바람에
옛 추억 다가왔다 스쳐 간다

갈대가 소곤대는 가을밤
가을 달빛 내리는 강둑 길
밤의 야화夜花 달맞이꽃
노랑 웃음으로 맞이하네
내 인생 황혼빛 가을 길
세월 열차는 쉬지 않고 가속되고
황혼 노을 떨구고 적요의 어둠 내리면
소요유逍遙遊의 인생길 사붓이 떠나리라

가을이 좋다

나는 가을을 좋아한다
오색 단풍이 좋고 가을 들녘이 좋다
귀뚜라미 쓰르라미 합창이 좋고
하이얀 억새 초콜릿 빛 진한 커피향이 좋다.
가을 산 끝자락 붉은 노을 추억을 더듬는 가을 노래가 좋고
가을 벤치 위에 두 남녀의 밀어가 좋다
가을 하늘 기러기 떼 줄지어 가고
불타던 단풍잎 땅 위에 뒹굴어도
가을비 우산 속 코스모스 목 드리워진 길
우산 밑 두 연인이 좋다.

아름다움과 허전함 결실의 풍요와 텅 빈 들녘
단풍 진 낙엽이 눈처럼 쏟아지고
나목으로 변해 가는 슬픔이 다가와도
추억의 가을은 가장 소중한 열매를 남긴다.
솜털 뭉게구름 에메랄드빛 높은 하늘이 좋고
능금빛 사랑이 익어가는 원두막 있는 과수원이 좋다
긴 돌담 밑 쓰르라미 우는 소리가 좋고

가을 햇살에 고추 말리는 아낙네의 손길이 좋다
외로움마저 허전함마저 추억을 담아
속내의처럼 따뜻해져 오는 가을이 좋다.

추색秋色의 을숙도

낙동강 칠백 리 물길 끝 하구언
갈대 숲속 통나무 찻집
뭇 새들의 합창 소리 들으며
설렘과 만남의 기쁨 자리
찻잔 속 갈색 향기 후각에 취해
시간 가는 줄 모르고 먼 산 바라보니
떨어지는 낙조에 채색되는 윤슬 물빛
눈 속 가득 채워 넣고 갈대 숲속
어둠이 찾아드니 뭇 새들도 잠자리에 든다

추색秋色 짙은 황혼 녘 삽상颯爽한 가을바람
붉게 물든 물결 파도 겹겹으로 다가오고
살찐 물고기 떼 수중곡예 하는 곳
윤슬의 물 위를 비행하던 고추잠자리
가녀린 억새 위에 사뿐히 내려앉고
가끔씩 스쳐 가는 바람에 미소 띤 코스모스
분홍색 입술로 입맞춤하던 자리
갈대밭 통나무집 연인 떠난 쉼터 빈 의자
연민의 정 새록새록 가슴 깊이 여며 온다

* 삽상颯爽: 바람이 시원하게 불어 마음이 상쾌하다

을숙도 단상斷想

노을빛 고운 을숙도
윤슬의 색 고운 파도
작은 흔들림에 눈이 아리다
보금자리 찾아드는 새들의 안식처
미풍에 춤추던 갈대숲마저 숨죽인다
적요寂寥한 마음은 녹아내리고
채색된 가을이 건네주는
지난날의 아련한 삶의 회억

청록빛 물 고운 낙동강 물
하굿둑 밑 남해 바다 망망대해
살찐 고기떼들 공중곡예 즐겁고
따사로운 햇빛 받아 꽃피운 향연
청명한 가을 햇살 따사로운 온기에 취해
일출 일몰 잊고 무심코 살아온 인생
여생의 황혼 꽃 자리를 펴리라

승학산 억새꽃

기러기 떼 한 무리
줄지어 북으로 날아간 뒤
학처럼 높이 올라
바람 배 타고 떠나는
솜사탕 하얀 구름
현현한 염원 적멸의 꽃으로 피어나는
승학산 은백의 억새꽃
봄꽃 가을 단풍 아름답지만
승학산 수놓는 억새화만 하리요

단풍잎 융단
승학산 타고 내리면
광활한 산등성이
억새꽃 춤을 추네
잉태한 억새 송이 바람 배 타고
하얀 머리 휘날리며
가을빛 산들바람에
백발의 할머니 꽃
고운 미소 띄우네

초추初秋

매미가 탄주하는 사랑의 음률
긴 폭염도 가을바람에 밀려나고
갑진년 청룡의 기운 담은 동녘 햇살
높은 하늘 하얀 구름 가을을 담았네
혼곤昏困했던 여름날을 뒤로하고
청신한 가을 앞에 누구나 시인이 된다
노벨 문학상 수상 소식 k-문학 낭보
정쟁의 나랏일도 초추의 오늘만 같아라

소낙비 난타하던 지난 여름날
태풍 홍수 할퀴고 지나간 자리
잘 익은 오색 단풍 색동옷 단장하네
포장마차 살찐 가을 전어 소금구이
해변 산책로 길손들 후각을 자극한다
망망대해 창공 양떼구름 흐르고
수변 공원 하얀 벤치 연인들의 속삭임
수평선 저 멀리 밀려오는 파도 소리 숨죽이네

꽃무릇 상사화

꽃물 담은 긴 목 치켜들고
비바람 지키는 꽃무릇 상사화
긴 기다림의 사연을 아는가
끝내 만남을 포기하고
생을 포기하는 안타까운 두 사연
이루어질 수 없는 사랑 꽃말같이
아름다운 너의 자태를 보고도
가슴앓이하는 꽃 꽃무릇 상사화

엇갈린 생사의 삶 기다림에 지쳐
꽃피고 낙화하면 잎 피는 꽃무릇
잎 자라 사라지면 꽃 피어나는 상사화
정녕 만날 수 없는 우리의 운명에
꽃물 담은 긴 대롱 붉은 피를 토하고
그리움에 지쳐 떠날 수밖에 없는
만날 수 없는 사연에 힘 잃은 긴 대롱
견우직녀의 슬픈 사랑이련가

세월 열차

파스텔톤 아름다움 추억 묻은 그리움이
세월의 시간 속에 녹아내리고
계절 따라 달리 피는 꽃들은
사각 앵글 사진작가들 부르는데
해 질 녘 길게 드리운 그림자
어둠은 저만치에서 찾아들고
인생 태운 세월 열차 속도를 높이네
아아아~ 세월 열차 한탄 말고 촌음을 즐기세나

남녘 바람에 실려 온 노랑 햇살은
봄의 대지를 연두로 채색하고
계절 따라 달리 피는 꽃들은
벌 나비를 유혹하는데
시인은 봄꽃에 취한 삶을 시어로 엮어낸다
노을빛 가을이 저만치인데
황금 들녘 참새들 만찬 소리 흥겹네
아아아~ 세월 열차 원망 말고 여생을 즐기세나

구름 꽃

단풍잎 융단
가을 산 타고 내리면
가이없는 하늘 높이
구름 꽃 뭉게뭉게 피어오르고
잉태한 구름송이 바람 배 타고
색 고운 가을 능선 구름 꽃 피우겠지
가을빛 산들바람에
포근한 구름 꽃 고운 미소 띄우네

기러기 떼 한 무리
줄지어 북으로 날아간 뒤
유유자적 흐르는 가을 하늘 구름 꽃
현현한 염원 적멸의 꽃으로 피어나는
동심의 솜사탕 하얀 구름
바람 타고 떠나는 구름 배
봄꽃 가을 단풍 아름답지만
명징한 가을 하늘 구름 꽃만 하리요

가을 단풍

봄꽃보다 아름다운
고운 얼굴 내보이고
등산객 유혹하더니
무엇이 그리 바빠
만산홍엽 다 떨구고
촌음의 짧은 생生 마감하며
저 산 너머 붉은 노을 속
그림자로 사라지네

일출의 태양보다
일몰 노을이 아름답듯이
움트는 새싹 싱그럽지만
오색 단풍이 아름다워라
고운 모습 낙엽 되어 사라지고
저 산 너머 황혼 노을
색 고운 단풍잎 낙엽 되어
어둠 속으로 사라지네

가을 스케치

세월 따라 익어가는 편도의 우리 인생
오곡백과 익어가는 농촌 들녘 가을 풍경
가을 낙엽 떨어지는 소리
임 소식 오려나 달려나가니
천둥소리 번개 빛에 놀란
달님은 구름 속에 숨고
길섶에 도열한 야생화의 행렬
국향菊香 맡은 길손 콧노래 흥겹네

청잣빛 높아진 하늘
하얀 솜털 구름 피어 오르고
내 삶의 여백에
결실의 가을로 채워집니다
한가위 보름달 주린 배 채워지듯
헛헛한 마음 풍성한 수확에
삶의 무게 내려놓고
농촌의 가을 농부 어깨춤 절로나네

가을 단상斷想

여보게 친구
폭염에 달구어진 대지의 열기가 식을 때쯤
귓전을 때리던 왕매미 울음소리 멈추고 떠났다
봄꽃보다 아름다운 것이 단풍이라 했던가
어느덧 우리 인생 가을이라네
험난했던 지난至難한 세월 오색 단풍으로 채화彩花했지만
순서 없이 가는 인생 낙엽 되어 *버꾸춤으로 낙화하지 말고
꽃보다 아름다운 단풍 같은 여생 즐기며 살아보세나

여보게 친구
몽환의 여름 바다 수많았던 연인들의 밀어
파도에 묻혀 핑크빛 연정 타임머신으로 모래 속에 잠든다
젊은 날의 초상화 세월의 뒷켠에서 멀어지고
봄꽃보다 아름다운 가을 국향菊香에 황혼의 여생을 즐겨본다
친구 동료들도 하나둘 낙엽 되어 떠나니
돈 명예 권력 미움 내려놓고
청류清流따라 아름다운 여생 미련 없이 살아보세나

* 버꾸춤: 풍물 놀이에서 버꾸재비들이 버꾸를 치면서 추는 춤

추심秋心

귓전을 때리던
왕매미 울음소리
여운을 남기고 떠나간 자리
고운 단풍 옷 갈아입게
한 줄기 바람이
가을을 싣고 왔네요

언제까지
끝나지 않을 것만 같던 폭염
영롱한 새벽이슬에 숨죽이고
하루가 다르게 높아지는 하늘
뭉게구름 간들바람에
가을을 싣고 흐르네요

길손들의 가벼운 옷차림
어느새 두터워지고
새벽이면 창문을
닫게 하는 소슬바람
황금 들녘 참새 떼
만찬을 알리는 가을이네요

* 간들바람: 부드럽고 가볍게 살랑살랑 부는 바람
* 소슬바람: 가을에 외롭게 쓸쓸한 느낌의 바람

가을이 오는 소리

해운대의 즐거움이
식어 갈 때면
연인들의 수많은 밀어
해수욕장 모래 장에 묻어 두고
여름 실은 계절 열차 떠나고
귓전을 때리던 미루나무 우듬지
왕매미들의 웅장한 소리도
세월의 파도 따라 멀어져가네

가을 노랑 햇살에
익어가는 오곡백과
만찬을 즐기는 황금 들녘 참새들
가을의 소리로 허수아비 농락하니
강둑 저편 갈대숲에 새들이 찾아드니
서산 끝자락에 저녁노을 내려앉고
아름답게 채색되는 단풍잎에
명미明媚한 가을은 깊어가네

핑크뮬리

들판 지나
강 저편
저
녁
노
을
붉게 내리고
햇살 혼곤히
강물을 탐하니
윤슬의 물그림자
색동옷 입었네

저 산 너머
심원深遠한 물돌이
가
을
바
람
산기슭 타고 내려

한줄기 바람이
끌어가는 색으로
핑크뮬리 너울춤에
가을은 익어가네

* 물돌이: 강이나 시냇가 땅의 바깥쪽을 감아 도는 형태

만추 상념想念

오색 가을빛 단풍
추색秋色으로 물들이고
목숨 끝나는 날까지
아름다운 모습으로
공중 낙화하는 단풍 낙엽
마지막 생명 길에
미색美色으로 단장한다

높은 가을 하늘
흰 구름 흐르고
짧은 여생 단풍처럼
아름답고 화려하게
만추의 인생길에
지난 세월 회억하며
촌음을 아끼면서
여생을 즐기리라

어느 가을날의 향수
― 동요 음반 작사 ―

낙엽 지는 어느 가을 외로운 날
귀뚜라미 엄마 찾아 슬피 울건만
집 떠난 자식들은 소식도 없고
은하수 조각배는 유유히 흐르는데
고향 집 어머니는 동구 밖 쳐다보며 눈물집니다

낙엽 지고 바람 부는 어느 가을날
서산 넘어 지는 해 어둠 부르고
동구 밖 멍멍개가 멍 멍 짖으면
우리 엄마 자녀 올까 맘 졸이는데
객지의 이 아들은 엄마 꽃 생각하며 눈물집니다

가을 촌경村景

깊어가는 가을 촌경 계절 옷으로 바뀐다
함초롬히 매달린 영롱한 옥구슬
아침햇살 이슬을 살라 먹고
황금 들녘에 한줄기 파도 물결 밀려오면
만찬을 즐기던 메뚜기 떼 이리 뛰고 저리 뛴다
저녁노을 서쪽 하늘을 붉게 물들이면
줄지은 기러기 떼 서산을 넘어가고
황금 들녘 물결치는 추억 속의 고향 마을

동녘의 일출 서산에 떨어지면
무채색 마을에 굴뚝 연기 피어나고
채송화 맨드라미 다투어 피던 담장
마당을 가로지른 빨랫줄 바지랑대 끝
고추잠자리는 한가로이 졸고 있다
마당 멍석 위엔 고추가 붉게 물들었지
둥실 뜬 보름달 빛 박꽃의 하얀 웃음
청운의 꿈 추억어린 동심의 고향 마을

제4부

서운암 오름길

道隨時泰慶興泉流我后夕惕雖休
弗休居崇茅宇樂不般遊黃屋非貴
天下為憂人玩其華我取其實還淳
反本代文以質居高思墜持滿戒溢
念茲在茲永保貞吉　吾亭 沈寅鈇 書

전국 서도민전 수상작

서운암 오름길

청류천 푸른 서기 금강계단 오름길
향불처럼 타오르는 구름 저만큼
겁과 겁을 이어놓은 금강계단
법당에 울리는 범종 소리 긴 여운
불이문 지나 사바세계 번뇌 날려 보낸다
적멸보궁 금강계단 화엄의 불꽃
천년고찰 풍경 소리 고요의 행간을 건너
업보의 짐 내려놓고 화엄의 향기 피어난다

영축산 무풍한솔 서운암 오름길
도열한 노송 천년 세파 생의 옹이마다
치유의 묵시록 몸 비틀며 굽어진 노송
곡선의 우듬지 기품 담아 펼쳐진 서운암 길
영축의 무풍한솔 뒤로하면 야생화의 천국
금낭화 붉은 꽃물 중생 업보 씻어주네
햇살 공양받아 곰삭은 장독대의 행렬 슬비하고
장경각 십육만도자대장경 불심 찾아 서운암 길 오른다

겨울날의 바다

철썩 처얼썩
냉기 담은 파도 소리
연인의 맞잡은 손
설렘의 온기 품어
그린 나래 붉은 동백 내밀더니
미인박명 송이째 낙화하여
동백꽃 레드 까페
가온길 만드는 곳
겨울날의 바다가 좋다

철썩 처얼썩
파장 큰 격랑의 파도 소리
벽파의 파도 단미하는 해암海巖
여름날 모래 장에 묻은 언약
시끌벅쩍 여름 바다 회억하며
해당화 고운 꽃길
겨울 길손 유혹하고
밀물 썰물 파도의 문신 따라

갈매기 노래하는
겨울날의 바다가 좋다

* 가온길: 중심이 되는 길

영축산 서운암

마음물心水 정화하는 청신한 새벽
깊어가는 가을 영축산 서운암
돋을볕에 합장 기원하는 노스님
곡진한 바람 타고 채색되는 단풍
스님의 독경 소리 목탁 소리 청아하고
여름 장마 하안거夏安居 회억하며
곱게 익은 황혼빛 서운암 오름길
식은땀 훔치며 행간을 재촉한다

가을 햇살 공양받은 사찰 야생화
서운암 앞뜰 즐비한 항아리들 앞다투어 곰삭고
무풍한솔길 솔향은 피안과 돈오한 경지로 예인하여
속세의 미련 욕망 내려놓고
헛헛한 가슴 채우려 묵도하는 마음으로
영축산 서운암 길 오른다
열반의 경지 찾아 입아아입入我我入 불타의 고혹함에
세월을 채록하며 청미한 마음으로 합장한다

*입아아입入我我入: 부처와 내가 일체가 되는 경지

정월 대보름

찬연한 둥근 보름달이
솟아오르길 애마르게 기다리며
묵향 담은 기도문
정성스레 달집에 걸어두고
흥겨운 풍악 소리 맞추어
심원心願을 주문하며 기원해 본다

계묘년의 액운 가슴 시린 아픔들
달집에 불사르고 가슴 설렘의 축복과
가족의 건강을 이뤄 달라고
달집에 염원 빌고
현현하게 적멸寂滅하는
둥근달에 기원해본다

계묘년의 지혜로운 흑토끼
갑진년의 승천하는 청룡
행운의 푸른 꿈들이 성취成就되는 가교의 해
구름 없는 맑은 날들이 되어 달라고
근심 걱정 가뭇없이 사라지고
청미淸美하고 찬탄贊嘆하는
한 해 되기를 대보름 둥근달에 기원해본다

통도사 자장매

새악시 볼처럼
어여쁜 너의 자태
보이지 않는 땅 밑 어둠 속에서
긴 날을 준비했었지
동짓달 찬 서리
신음하며 이겨내고
수줍은 듯 해맑은 너의 모습
애틋한 첫사랑으로 피어나는 봄
잔설이 채 가시기 전
찾아온 자장매에
설렘의 가슴 저며 온다

사운대는 푸른 댓잎
눈꽃으로 피어나고
백설이 난분분한데
핑크빛 고운 얼굴 봄을 안고
수줍은 듯 찾아왔네
고운 빛 속살에 향기 담아 붉게 퍼진다
견우성 직녀성 만남처럼

사랑이 머문 자리 그리움 찾아
피멍울 맺힌 가슴으로
일년을 곰삭여 봄을 안고 찾아왔네

통도사 꽃축제

사찰寺의 말씀言이 시詩라 했던가
영축산 오름 길 맑은 물 서걱대는 댓잎 소리
고즈넉한 산사 솔향 짙은 무풍한솔길
구도 찾은 통도사 서운암 오름길에
백설의 함박눈이 초록 숲을 채색하고
통도사 자장매는 수줍은 듯 붉은 얼굴 내민다
정화되는 마음 내공 쌓는 산사 오름길
자연 속의 화엄 만다라의 장관일세

백설을 뚫고 수줍은 듯 얼굴 내민 홍매화
팝콘처럼 터져 올라 웃음 띠는 벚꽃
명징하게 빛나는 월하의 이팝나무 하얀꽃
서운암이 저만치일 때 풍경 소리 여운따라
금낭화 붉은 향기 꽃 릴레이 축제의 장場
통도사 서운암 오름길은 야생화의 백화점
저마다의 아름다움 한 사랑 담았으니
꽃축제 사찰 정원 시화詩畵로 단장하네

겨울꽃 송설화松雪花

단풍잎 낙엽 되어 떨어지고
세한풍歲寒風에 나목들은 울고 있는데
소나무 너는 어이 푸르름을 잃지 않는가
오우가 세한삼우에도
이름을 올리더니
신神이 내린 하얀 천사 꽃
은백색 송설화松雪花를 피우네

신기루같이 짧게 피는
은백색 송설화松雪花
하얀 눈이 만든 겨우나기 언 몸으로
어렵게도 피운 꽃이
황금빛 햇살에 생명을 다하고
눈물 뚝 둑… 흘리며
사라지는 꽃 겨울의 화신이어라

페리칸사스 열매꽃

눈보라 치는 겨울날
삭풍朔風 칼바람에
질곡桎梏의 추위에도
언밀言謐의 미소로
엄동嚴冬을 절멸絕滅 시킨 너

혜시惠施하는 마음
부드러운 애어愛語로
빨강 웃음속 숨은 비밀
떠난 임 연연戀戀하는
회억回憶의 미소일까?
겨울의 화신 페리칸사스 열매꽃

동백꽃

갈애의 호곡에도
시간을 곰삭이며
차디찬 동절 이겨낸
빨간 동백 아가씨

차가운 해풍에도
냉가슴 데워지는
목 세워 굽힐 줄 모르는 절개로
빨간 웃음 띠우는데

짧은 삶 굵게 살고
송이째 목숨 떨구니
논개의 넋이련가
충절의 꽃이로다

불심佛心 찬탄贊嘆

세속 삶의 번뇌 잠시 내려놓고
산사山寺 산문의 길 가보세나
도열한 노송老松들이 사열하듯
줄지어 묵언으로 반기는 곳
질곡桎梏이 적멸寂滅로
마음속 깊은 곳에 언밀言謐하게 찾아드네

중생의 무거운 짐 잠시 벗어 놓고
혜시惠示하는 마음으로 산사를 가보세나
영축산 금낭화 황금 웃음 띠는 곳
통도사 풍경 소리 노승의 독경 소리
산안개 사라진 묵시默示의 화우로火雨露
가뭇없는 번뇌 청미淸美한 애어愛語로 찾아드네

생로병사 인생길 삶의 고통 내려놓고
울울창창 무풍한솔 통도사를 가보세나
남으로는 금강계단 북으론 적멸보궁
진리 회통 불심을 일깨우며
탁한 마음 쓸어가는 옥류천 계곡

속세 미련 씻어내고 *입아아입入我我入 찾아드네

* 화우로火雨露: 영원한 삶의 성신으로 종교의 참뜻
* 입아아입入我我入: 부처와 내가 일체가 되는 경지

구도求道의 산사山寺

사유思惟의 시간 회심처 찾아
숲속 산사를 찾는다
산그림자 내리는 늦은 오후
산 제비 구름을 넘나들고
금강계단 연화단蓮花壇 자장율사 율법 인양
목탁 소리 적요의 어둠을 깨고
독경 소리 소요로이 안한安閑한 중생
갈애渴愛의 시지프스 사죄의 무릎 꿇고
합장한 두손 심원心源을 기원해본다

은하수 타고 내린 조각배도 사라지고
적막한 산사 적멸보궁 청정도량
불이문 되새기며 합장하는 중생
연꽃 위에 타는 촛불 온몸을 태우면서
광명 세상 밝히는 촛불의 희생정신
산문을 넘는 달 아스라이 멀어질 때면
여명의 아침 다가오고
불타의 자비 광명 가뭇없이 내려와
중생의 마음속 청미하게 찾아드네

* 시지프스: 그리스 신화에 나오는 인물로 나쁜 일을 많이 해 '큰 바위를 산위로 밀어 올리는 형벌을 받음'

아름다운 노년

격정激情의 인생길
규지窺知 할 새 없이
달려왔건만
모든 것 내려놓고
소요유逍遙遊로 가렵니다

산이 높다고 명산이 아니요
나볏함이 없는 사람
나이가 많다고 어른이 아닐세

채움보다 비움
소유보다 무소유
안분지족의 마음으로
행복을 채우는 시간으로
달리는 세월 걷게 하렵니다

* 나볏하다: 몸가짐이나 행동이 반듯하고 의젓하다

아프레 솔라 Apres sela

나는 누구인가
어디서 와서 어디로 가는가
지금 여기는 어디쯤인가
다음은 그 다음은…

십이월 마지막
송구영신 생각하니
빠른 세월에 그리움 엄습한다
수많은 점들의 연결 속에 선을 이루듯
돌아가는 초침 속에 세월을 엮는다

인생 여로
삶은 무엇인가
성공 명예 권력 금력
모두를 소유한들
다음은 그 다음은…무엇인가
알 수 없는 아프레솔라 Apres sela

지나간 오늘은 과거요
다가올 오늘은 미래일세
지금 여기에 누구와 무엇을 하는가
그리운 사람과 좋은 곳에서
행복의 씨줄과 보람의 날줄 시간을 엮노라면
인생 삶 최상의 아프레 솔라Apres sela

* 아프레 솔라Apres sela: 철학적 용어로 '다음은 그다음은…'

다대항 산책길

여명黎明이 동틀 무렵
공원 가로등 하나둘 소등되면
어둠을 살라 먹고 잉태하는
동트는 동녘 향해 두 손 합장하고
일출 향해 묵도默禱한다

해만海灣 공원 산책길
청신淸新한 새벽 공기
얼굴을 스치고 지나간다
다대항 명징明澄한
물길 따라 걷는 길은
나만의 자유로운 영혼 길
맑은 생각을 담는 사색의 길이로다

무리 지은 갈매기 떼
모이 찾아 모여들고
계절 따라 피는 꽃

공원 캔버스 그림을 바꾸니
매일 걸어왔던 새벽 산책길
명징明澄한 새로운 길로 다가오네

그리움 2

서럽게 흔들리는
그리움 너머로
보고 싶은 얼굴들
하나둘…
떠오를 때면
시린 가슴 안고
어디론가 달려가고 싶다

먹어도 먹어도
배부르지 않는 세월의 나이
좀 더 가기 전에
가슴속 깊은 그리움 풀고
하고 싶은 일 찾아
달려가고 싶다

켜켜이 쌓여온 추억
잊고 살아온 인생
세월의 흐름 속에
그리움만 쌓였네

남은 여생길
그리움 하나둘… 승화시켜
행복 인생 찾아가리라

묵상 기도默想 祈禱

헛헛한 가슴 채우려
묵도默禱하는 마음으로
격랑의 세파 호신護身하게 하소서

근심 없는 마음
건강한 육신으로
허전한 마음 행복 한가득 담아 주소서

붉은 장미꽃보다 진한
가뭇없이 찾아드는 미향美香
설렘의 가슴 가득 채워 주소서

봄꽃보다 화사했던 과거
가을 단풍보다 잘 익은 현재
소요유逍遙遊로 수채화 같은 자연에 취하고
다소니와 함께 우미優美한 여생 길 열어 가게 해 주소서

* 다소니: 사랑하는 사람(아름다운 우리말)

운명애運命愛

아모르파티Amor fati
지난至難의 과거
아픈 상처 지워 버리고
자신을 사랑하고
운명을 원망 말자
부정을 긍정으로 돌려놓고
오늘보다 나은 내일을 위하여
내 삶의 희망
미래를 설계하리라

아모르파티Amor fati
편도의 인생길 어렵게 살지 말자
마음이 가는 대로
동심의 어린 날 소요유逍遙遊
설렘의 인생 찾고 싶어
가는 세월 한탄 말고
나이는 숫자인 것을
여생을 즐기며 살리라

동행

햇살 고운 날 곡진曲盡한 마음으로
켜켜이 곰삭힌 묵은지 같은
동심의 죽마고우와 함께
청류의 낙동강에 배 띄워
처녀 뱃사공 노래하고
동동주 한잔에 안한安閑 마음으로
세월의 무게 짐 내려놓고
흐르는 물 따라 세월을 낚으리라

그림자 길게 드리워진
을숙도 통나무 까페에 마주 앉아
애잔하게 짓무르며 다가오는
옛 추억에 덧칠을 하고
동행의 시간 명징한 입맞춤
즐거워 자리 떠날 줄 모르고
윤슬이 사라지고 별빛이 잠들 때까지
소요유逍遙遊의 여생 즐기리라

제5부

그리운 어머니

한국 현대 미술협회 수상작

그리운 어머니

동창이 밝아지는 여명의 새벽
대나무숲 밑 정화수 길러 놓고
집 떠난 아들 위해 입신양명 기도하며
자녀들 위해 자신을 혹사하던 임
오늘도 뒷뜰 키 높은 감나무 우듬지
기쁜 소식 오려나 까치 소리 정겨운데
기다리던 자녀들은 소식도 없고
까치 소리 원망하며 돌아서던 어머니

여명이 밝아지는 동트는 새벽
정화수 길러놓고 합장 기도하던 임
오로지 자식 위해 자신을 저버리고
살다 가신 어머니 그때는 몰랐었지
세월 지나 내 나이 임의 나이 되니
이제사 깨달았네 모정의 높이와 넓이
하늘보다 높고 바다보다 넓은 품속
어느 누가 알리요 그리운 어머니 마음

노생 老生

풋풋한 젊은날의
초록 그리움
가슴속 깊이 쌓여만 가고
멈추지 않는 시간 속에
세월호는 쉼 없이 달려왔건만
아스라이 멀어져간 잔상들
추억 속의 젊은 초상
지난날을 되새겨본다

꽃길 따라 함께했던
젊은 날 청춘 예찬
기억 저편 아스라이
멀리 멀리만 사라져 가고
예상할 수 없는 여생길
소요유 逍遙遊 의 여행길
황혼빛으로 채색하며
봄꽃보다 아름다운 노생 되리라

생일 맞은 당신에게

하늘에 해와 달이 하나이듯이
당신은 이 세상 그 누구도
대신할 수 없는 오직 한 사람
수많은 사람 중에
당신과의 만남은 행운의 기적이었소
희로애락 견뎌내며 1남 3녀 잘 기른 당신
사랑스런 당신은 축복받아야 할 사람
Happy Birthday to you

새해 달력에 사알짝 표시한 후
당신의 날 가슴 깊이 새겨 놓고
감사 행복 기쁨 무엇을 어떻게 해야
그 노고 그 정성에 보답하리까
생각나는 미역국 촛불 케이크보다
더 큰 무엇으로 축하해 줄까
Flower, Money보다 마음 담긴 이벤트일까
당신과 나 둘이 함께 추억여행 하리라

정겨운 다대항

갈매기 까륵 끼륵
무리 지어 노래하고
만선의 통통배
등대 찾아 입항하면
에야 디야 에야 디야
어부들 후리 소리
노랫가락 흥겨웁네

갈매기 높게 낮게
쌍쌍이 유영하고
수평선 저 멀리
붉은 일출 솟을 때면
어기 여차 어기 여차
만선의 통통배 소리
다대항이 정겨웁네

다대포항 캔버스

넘실대는 벽파碧波
낮게 비상하는 갈매기 떼
계류繫留되어 줄지어 선
목줄 메인 어선들
만선의 후리 소리
여운을 남긴다

어시장 아낙네들
호객呼客 소리 왁자지껄
물고기 지느러미 물 튀김에
양복 입은 신사 깨금발 뛰고
삶의 현장 어시장은 활기가 넘친다

다대항 캔버스에는
빨강 등대 하얀 등대로 귀향처 안내하고
뱃고동 소리 뱃길 포말泡沫을 남기는데
귀향하는 어선 위에 갈매기 떼 날고
청람 빛 포구에 형형색색 어선들이
예쁜 그림을 그려 놓았네

감천 문화 마을

윤슬의 바다 위 갈매기 떼
날갯짓 자유롭고
고샅길 타고 올라
이마 땀 닦을 때면
하늘 마루 전망대 길손 안식처
한국의 마추픽추
언덕 위에 탁 트인
동화 속의 마을 있네

근대사 흔적 질곡의 아픈 세월
미래의 꿈들을 벽화 속에 담아놓고
옥상 지붕은 전망 좋은 포토죤
풍등이 하늘을 장식하는 야경
별꽃 정원 화려함 뒤에는
계단 위 난질거리는 작은 집들
육이오 전쟁 참화 질곡의 긴 세월
그 옛날 아픈 추억 가슴 깊이 시려온다

다대항 일출

명징하게 솟는 다대항 일출
시끌벅적 항구의 하루를 열고
수평선 넘어 낮게 깔린 운무
쪽빛 바다 일출로 윤슬 빛나고
등대 찾는 만선 뱃고동 소리
우렁차게 여운을 남기네
뒤따르는 갈매기 떼 끼룩 끼룩
높게 낮게 뒤따르며 노래하는 곳

수평선 끝 대마도의 아련한 둔덕
쏴르르 쏴르르 밀려오는 물결 파도
처얼썩 처얼썩 하얀 이빨 드러내고
몰운대 넘어 황혼빛 바다 찾아들면
갈매기도 집을 찾고 물너울도 숨죽인다
등대불 섬광 따라 찾아드는 귀향선
수변공원 벤치 젊은 날의 초상에 젖고
해변 모래 위에 뿌려놓은 밀어의 보고寶庫
마음속 푸른 그리움 일출에 담아보련다

해인사 소리길

높게 열린 창공의 하늘
해인사 계곡 따라 소리길에는
켜켜이 익은 시간 들이 곱게 얼굴을 내민다
가을의 한가운데서
색깔 고운 오방색 옷단장하고 마중하니
개여울 새소리에 발걸음 가볍고
법보종찰 해인사 풍경소리 명징하게 울릴 때면
흐르는 세월도 아쉬움에 쉬어가려 머뭇거리네

법보사찰 해인사 소리길 따라
햇살 가까이 내려앉은 오후
무념무상 발걸음은 더욱 가벼워지고
가야산 넘어온 햇살이 저물녘으로 스러져가면
쏟아지는 시냇물 소리 피안彼岸의 마음 담은 소리길
노을빛에 물든 단풍잎은 화려하게 빛나는데
염화시중의 미소로 만사를 깨달은 듯
대웅전 부처님은 실눈 내리뜨고 미소 지우네

향수2 鄕愁

동심의 그리움
마음속 한가득
고향 마을은
그대로인데
동구 밖 정자나무
고목 빛 애잔하여라

복숭아꽃 살구꽃
노래하던 내 고향
골목길 아이들은
자취를 감추고
아들 손자 기다리는
노인네만 남았네

아기 울음소리
사라진 마을
성근 별빛 아래
현현한 귀향의 소리로
고독한 추억속을 헤매누나

영축산 오름길

천년 세파 견뎌온 생의 옹이마다
몸 비틀며 굽어지고 휘어진 노송
곡선의 우듬지 무풍한솔길
고고한 기품 담아 영축산 길 오른다

범종의 긴 여운 바람의 풍경 소리
억겁의 중생 번뇌 날려 보내고
농익은 장독대의 행렬 반짝이고
금낭화 붉은 꽃물 따라 서운암 길 오른다

영축산 무풍한솔길 지나
야생화 천국에 금낭화 꽃물 타고
장경각 십육만도자대장경 불심 담아
이마 땀 훔쳐가는 솔바람 맞으며 영축산 길 오른다

을숙도에 피는 별꽃

갈대밭 통나무 집 어둠 속 하얀 벤치
커피잔 앞에 두고 마주 앉은 두 연인
갈색 향기에 취해 먼 하늘을 본다
은하수 꽃길 따라 웃음으로 피는 꽃
조각배는 떠가고 반짝이는 별꽃 웃음
달빛 아씨 숨은 밤 별꽃 화원 빛나고
낙동강 변 을숙도의 밤 별꽃으로 수놓네

너와 나의 별꽃 찾아 갈대 방석 깔고 누워
팔베개로 머리 괴고 별꽃 여행 떠난다
동심童心을 그리며 별꽃 찾아 떠나는 을숙도의 밤
반딧불이 별꽃 따라 불을 켜고 춤을 추네
계절 없이 피는 별꽃 비라도 내리는 밤이면
천둥 번개 무서워 구름 속에 숨었던가
을숙도의 밤하늘 야화夜花 별꽃 수놓네

대야성 함벽루

함벽루 누마루에 앉아
역사의 현장 조명해 본다
수많았던 대 유학자들
학문의 장 함벽루
충절의 죽죽 장군
창칼 소리 대야성에 남았으니
문인과 무인 뇌리에 조우遇遭한다

윤슬의 황강물 뙤약볕 속 금모래
매봉산 대야성 서걱대는 댓잎 소리
죽죽장군 결사 항전
애끓는 심장 소리인가
설원의 철갑 노송 몸짓을 낮추는데
연호사 풍경 소리
시름 깊은 음표만 남기네

그리움 2

조각달 미소 띄운
야생화 핀 고샅길
너와 나 별 찾아
마음이 머무는 곳
뒷동산 잔디 공원에 누워
꼭 잡은 두 손 시간을 묶어두고
우리들만의 시인이 되어
아름다운 세상을 노래했지

어느새 흘러간 세월
아스라이 멀어져 가고
황혼의 빛이 찾아드니
그 옛날 고향의 뒷동산
교교皎皎한 그리움 향수되어
그녀의 소태笑態한 모습 가슴에 담고
너와 나 별들은 찾을 길 없네

* 교교皎皎: 달이 맑고 밝다
* 소태笑態: 웃는 맵시

고향 스케치

그리움 한가득
설렘의 가슴 저며 올리려고
동심童心이 묻어 있는 고향을 찾는다

그 옛날 어려웠던 시절
부모님들의 질곡 된 삶이
아린 가슴으로 다가온다

바지개 한가득 채운
지게 짐 지고 자드락길
오르내리던 아버지

검정 치마에 앞치마 두르고
머리에 따벵이 얹고
새참 나르던 어머니

학교 다녀온 학동學童들
부모님 일손 돕기 바쁘고
지독한 가난으로 얼룩진 삶에서도

애정과 온정이
가득했던 그 시절
시골의 고향이 그립다

어머니 전상서

사랑이 머문 자리
그리움이 남는다
엄마– 하고
소리쳐 불렀던
동심의 어린 시절

어머니– 하고
점잖게 부르던
청장년의 젊은 시절
따뜻한 모정母情
외면했던
회한의 그때 그 시절

어머님-하고
가엾게 불렀던
홀어머니 모신 가장家長
생전의 모습 뵐 때
그 은혜 모르다
먼 길 떠나신 뒤

저며오는 가슴으로
애타게 불러보는
어머니!
나의 어머니

시골 밤

암막 같은 적요寂寥한 어둠 속에
초승달 수줍은 듯 졸고
불춤 추는 반딧불이 한 쌍
고요한 적막 깨는 부엉이 울음소리
발밑에 흐르는 개울물
노래하며 흐르는데
밤이슬 먹고 피는
강둑길 달맞이꽃 노랑 웃음 지우네

촌가 뜨락엔 별빛이 내리고
달빛 받은 지붕 위에 하얀 박꽃
뚝방 길 지키는 노랑 웃음 야화夜花
호수처럼 고요한 쪽빛 하늘
은하수 물길 따라 별빛도 아스라이
한 무리 흰 구름 조각달 스쳐 가면
내 마음 동심에 묻혀
그 옛날 그 시절 옛 친구 그리워라

손편지

빠르고 편리한 문명의 소산
휴대폰 문자 이메일 SNS 카톡 화상 채널
서로의 마음을 이어 주는 소통의 도구 많고 많은데
단절되는 인간미로 깊은 마음 풀어내던 옛 추억이 그립고
사라진 공중전화 깊은 마음 고이 담은
빨간 우체통이 그립다.

내 마음 곱게 담은 서정의 손 편지
전 상서로 제목 올란 효심 어린 문안편지
설레는 가슴으로 사랑담은 연분홍 러브레터
의무감에 학교 교실에서 썼던 학창 시절 위문편지
동창생 전우들 우정 어린 손 편지가 그립다.

지난날 아날로그가 힘들고 불편했지만
빨간 자전거에 큰 가방 싣고 오는
집배원 아저씨 전해 주던 소식에 희비가 엇갈리고
떨리던 가슴 부여잡고 썼다가 찢고 찢던 연서가 그립다
우편엽서도 좋고 연하장도 좋지만
사랑담은 연분홍색 손 편지 쓰던 시절 더욱 그립네.

여 백

마음을 비우고
고향 찾는 길
물욕을 걷어 내니
육신이 가볍구나
물은 산을 돌아들고
산은 물 위에 솟으니
근심 걱정 사라지고
옛 추억만 그립다네

도심을 벗어나
고향 가는 길
산새들이 노래하니
봄꽃들이 웃음 띠네
남녘에서 부는 바람
봄을 싣고 오는데
마음 비운 여백에
혜시惠施하는 마음 모아
옥석으로 채우리라

닫으면서 – 작가의 변辯

색 고운 황혼 녘 길 단상斷想

 '색 고운 황혼 녘 길 단상' 제목에서 시사하는 아름다움의 회상처럼 이 시집은 현대 급변하는 시대에 역행하는 느림의 문학입니다. 사라지는 것들에 대한 찬사이며, 지나간 것들에 대한 애도의 시이며, 다가오는 황혼에 대한 작은 예찬입니다.

 시를 써오며 항상 가졌던 질문이 늙어간다는 것, 기억이 많아진다는 것, 멀어진 것들을 다시 붙잡고 싶어진다는 것은 무엇일까? 일찍이 황현산은 "시는 인간이 인간으로 남기 위한 마지막 언어다."라고 했으며, 저의 시집 『색 고운 황혼 녘 길 단상』은 감응을 주장하기보다는 잔상을 남기려 했습니다. 이 시집 또한 독자들에게 어떤 미묘한 떨림으로 다가가기를 바랄 뿐입니다. 여러분의 마음에 조용히 내려앉아 삶의 저녁을 조금 더 따뜻하게 밝혀주는 빛이 되기를 소망합니다.

 시인의 작시는 단순한 정서의 배설이나 문장의 유희가 아니라 삶과 시간의 본질을 언어로 직조해내는 고도의 작업임을 말해 줍니다.

　김춘수는 '시는 이름을 불러줌으로써 존재하게 한다'고 했지요. 그 말처럼 저는 이 시집을 통해 늙음, 황혼, 고향, 자연, 사랑, 침묵 등의 이름을 한 편 두 편 불러보았습니다.

　첫째 시라는 장르의 본질은 응시와 침묵의 미학입니다.

　시의 본질은 서사보다는 응시에 설명보다는 감응에 가깝습니다. 문학 평론가 김현은 '시는 이해되는 것이 아니라 감응되는 것'이라고 말했습니다. 저 역시 이 명제를 오래도록 가슴에 품고 글을 써 왔습니다.

　시가 독자에게 주는 감응은 어떤 명확한 메시지보다 잔잔한 떨림에서 비롯된다고 믿기 때문입니다.

　릴케는 '말테의 수기'에서 시를 쓰기 위해서는 '자신의 내면 깊숙한 곳에서 잊혀지지 않는 기억을 끌어올릴 수 있어야 한다'고 했습니다. 이 시집에 실린 시편들은 그런 기억들 즉 시간이 겹겹이 쌓이며 만들어낸 잔상들에서 비롯되었습니다. '황혼'이라는 단어가 단순한 풍경의 묘사를 넘어 인간 존재의 전 생애를 요약하고 감싸는 상징이 된 것은 바로 그러한 이유 때문입니다.

　둘째 『색 고운 황혼 녘 길 단상』이라는 제목의 시적 함의 즉 시집의 제목은 곧 전체 시집의 정서와 주제를 함축하는 문장입니다. '색 고운'은 감각적 미감의 표현이자 삶이 겪어온 시간의 다양한 정서를 상징하는 말입니다. 황혼은 하루의 끝자락이면서도 그 자체로 가장 아름다운 빛의 순간을 품고 있습니다. 그 빛은 거세지지 않으면서도 섬세하게 퍼지며 과거의 기억을 감싸안는 듯합니다.

'황혼 녘 길'은 저의 인생길을 비유한 말입니다. 젊은 날이 지고 어느덧 인생의 뒤안길을 걷고 있는 자신을 바라보며 저는 이 길을 '색 고운'이라 표현하고 싶었습니다. 단지 늙어가는 것이 아니라 곱게 늙어가는 것, 그것이 저의 문학적 목표이자 인생의 소망이기도 합니다.

색 고운 황혼 녘 길 단상

한 무리 기러기 떼
황혼 녘 서산을 넘고
색 고운 황혼 녘 길
하늬바람 불어오면
붉게 물든 물이랑
겹겹으로 다가오고
가끔 스쳐 가는 바람에
옛 추억 다가왔다 스쳐 간다

갈대가 소곤대는 가을밤
가을 달빛 내리는 강둑 길
밤의 야화 달맞이꽃
노랑 웃음으로 맞이하네
내 인생 황혼 가을 길
세월 열차는 쉬지 않고 가속되고
황혼 노을 떨구고 적요의 어둠 내리면
소요유의 인생길 사붓이 떠나리라

이 시는 황혼의 길 위에서 삶의 깊이를 되짚는 성찰의 단상으로 계절과 자연을 통해 후반부를 사색하고 있는 작품입니다. 황혼 녘과 인생의 황혼기를 겹쳐두며 사색적 정서와 심미적 감성을 자아내게 합니다. 시 전체를 관통하게 하는 노년기의 삶에 대한 성찰과 그 안에서의 자연스러운 수용이며, 이는 하늘의 기러기 떼나 갈대, 가을밤의 달빛 같은 자연 이미지 속에 고스란히 녹아 있습니다.

　　초반부의 '한 무리 기러기 떼/ 황혼 녘 서산을 넘고'는 자연의 이치에 따르는 생명들의 이동을 묘사하면서 동시에 시적 자아가 걸어가야 할 인생의 황혼 길을 상징화합니다. '붉게 물든 물이랑 / 겹겹으로 다가오고'라는 구절에서는 시간의 잔상이 켜켜이 쌓이며, 밀려오는 기억과 감정의 중층성이 표현됩니다. 추억은 스치듯 다가왔다가 사라지며 저는 그것을 억지로 붙잡지 않습니다. 중반 이후 '갈대가 소곤대는 가을 밤 / 가을 달빛 내리는 강둑 길'로 이어지면서 시는 보다 내밀한 서정으로 전개됩니다. 특히 '노랑 웃음으로 맞이하네'라는 구절은 감정을 직접적으로 드러내지 않으면서도 인생의 황혼을 받아들이는 자세가 담백하면서도 따뜻하게 느껴집니다.

　　후반부에서는 보다 철학적인 성찰로 나아갑니다. '세월 열차는 쉬지 않고 가속되고'는 시간의 흐름이 점점 빨라지는 노년기의 체감 속도감을 정확히 표현하며, '소요유의 인생길 사붓이 떠나리라'에서는 장자의 철학에서 빌려온 소요유逍遙遊의 개념을 인용하여 제가 최종적으로 향하는 죽음조차 자유롭고 고요한 이행으로 수용하고자 함이 드러나는 자연과 삶을 은유적으로 비유한 매우 깊이가 있는 자화상의 시로 쓰고 싶었습니다.

전체적으로 이 시는 자연과 인생의 황혼을 겹쳐보며, 시적 자아가 시간의 흐름 속에서 삶의 의미를 사색하는 내면 여행을 그려내고 있습니다. 수려한 이미지와 정돈된 언어, 그리고 서정적 여운이 잘 어우러진 작품이라고 평가할 수 있습니다.

셋째 시집의 구성과 계절적 구조를 분석해 보면 『색 고운 황혼 녘 길 단상』은 총 5부로 구성되어 있습니다.

1부 봄, 2부 여름, 3부 가을, 4부 겨울, 그리고 마지막 5부는 동심의 고향 합천에 대한 향수와 현 거주지인 부산 사하구는 도심에서 찾을 수 없는 천혜의 자연환경으로 몰운대가 있는 바다를 조망하는 산, 부산 6대 해수욕장 중에서 전철이 직결되며, 갈대숲을 스치며 시화를 감상할 수 있는 고우니 테크노 길, 낙동강과 바다가 연결되는 천연 생태 학습장, 갈대숲 새들의 천국 을숙도, 한국의 마추픽추 감천 문화마을, 영남 알프스를 능가하는 승학산 가을 억새가 은발머리 휘날리며 맞이하는 부산 사하 다대포를 중심으로 구성되었고 더불어 양산 통도사와 영축산에 대한 시편으로 채워졌습니다.

산사山寺의 밤하늘 별꽃

별빛 내리는 고적한 산사 그리움 한가득
짧은 만남 깊은 사랑 해어화解語花로 다가와
연민의 정 설레는 가슴 주체할 수 없네
무풍한솔길 타고 올라 고샅길의 꽃 마중
청미한 월하의 자태 시샘하는 꽃바람 잠재우고
산사 화원 수놓는 봄의 향연 꽃축제

미리내 흐르는 명미한 밤하늘
한줄기 하늬바람에 타는 가슴 애마르네
산사 풍경 소리 가사 없는 새들의 노랫소리
노랑 햇살 내리는 봄날 생명이 움트는 꽃물 받아
찬바람 이겨낸 나목 가지에 꽃망울 달고
벅찬 몸부림으로 한 잎 두 잎 빗장 연 꽃잎들
산사 화원 수놓는 봄의 향연 꽃축제

'산사山寺 화원 꽃축제는 양산 통도사의 무풍한솔길과 서운암 한국꽃문학상 축제를 배경으로 담은 시로 자연과 인간의 조화, 그리고 불심의 성숙을 노래한 작품입니다.
　시의 첫 부분에서 별빛과 고적한 산사의 분위기를 배경으로 해어화解語花의 상징성을 통해 깊은 사랑과 만남의 순간을 표현하고 있습니다. 이 과정에서 무풍한솔길과 고샅길의 꽃 마중은 자연의 신비로운 생명력을 담아내며, 청미한 봄바람과 함께 산사의 향기를 전달합니다. 두 번째 연에서는 명미한 밤하늘과 바람에 흔들리는 감정선을 통해 봄날의 생명이 움트는 순간을 섬세하게 포착합니다. 가사 없는 새들의 노래, 햇살에 반짝이는 꽃망울은 자연의 섭리를 통한 깨달음과 평온함을 상징합니다.

산사 화원 꽃축제를 통해 무상한 삶 속에서 불심을 키우는 과정과 자연과의 합일을 통한 내적 성숙을 보여줍니다. 벚꽃의 몸부림 속에서 느끼는 한 잎 두 잎의 낙화는 인생의 무상함과 아름다움을 동시에 담고 있습니다.

결론적으로 산사 화원 꽃축제는 단순한 자연의 찬미를 넘어 인간의 감정과 불심의 깊이를 자연과 조화롭게 엮어낸 작품입니다.

양산 통도사의 서운암이라는 공간적 배경이 시의 서정성을 한층 더 깊이 있게 만들어주는 요소로 작용합니다.

이 구성은 단순한 계절의 순환이 아니라 인간 생애의 사계절을 닮아있습니다. 봄의 설렘, 여름의 열정, 가을의 성찰, 겨울의 고요 속에 우리 인생의 단면들을 겹쳐 놓습니다. 마지막 5부는 그러한 순환을 넘어 기억과 회귀의 세계로 나아가는 여정입니다. 특히 통도사라는 공간은 저자에게 있어 단순한 불교 사찰이 아니라 침묵과 사유의 본향과도 같았습니다. 영축산 무풍한솔길 자락에 몸을 누이고 있으면 말없이 시상이 스쳐가는 듯한 고요한 순간을 마주하곤 했습니다.

넷째 황혼의 미학과 '곱게 늙어가기'입니다. 이 시집에서 중요한 주제 중 하나는 바로 봄꽃보다 아름다운 가을 단풍처럼 곱게 늙어가는 소요유 여생입니다.

'늙음'은 더 이상 우리에게 부끄러운 말이 아닙니다. 그것은 축적이며, 깊이이며, 세상의 소리로부터 멀어졌기에 더 선명하게 들리는 내면의 울림입니다.

저는 그 황혼의 시간에 색을 입히고 싶었습니다. 그 색은 노란빛일 수도 있고 자줏빛일 수도 있으며, 때로는 투명한 회색일 수도 있습니다.

에드워드 토머스는 '노년의 시는 사라지는 것들에 대한 찬사'라고 말한 바 있습니다.

저도 그러한 시선으로 사라지는 것들, 특히 이름 없는 자연과 묵묵한 일상, 작고 평범한 풍경들에 시적 헌사를 바치고 싶었습니다.

다섯째 동심의 고향과 현 거주지인 다대포에 대한 서정적 애정에 관한 내용입니다.

고향에 대한 향수는 저의 시 세계에서 결코 지워지지 않는 정서적 뿌리입니다. 마을 고샅길, 청보리밭 바람결, 어머니의 따스했던 손길, 지금 어디에서 무엇을 하고 있는지 알 수 없는 동심의 친구들의 목소리 같은 것들이 언어로 되살아나는 순간, 시는 비로소 인간의 얼굴을 가집니다.

현 거주지인 부산 사하구 다대포는 저에게 새로운 의미의 고향이 되어주었습니다. 다대포 해변의 노을은 날마다 다른 얼굴로 저를 맞이해 주었고 그 찰나의 색감들은 하나같이 시의 언어로 번역되었습니다.

다대포의 저녁 하늘 아래에서 저는 늙는다는 것을 슬퍼

하지 않고 오히려 그 느린 걸음에서 시가 자란다는 것을 배웠습니다.

여섯째 시란 머무는 예술이라고 마무리해 보면서 시란 결국 어디론가 달려가기보다 '서정적 환경에 멈춰서 언어 작품으로 머무는 예술'이라고 믿습니다.

이 시집은 빠르게 흐르는 시간의 강물에서 잠시 발을 멈추고 되돌아보며, 조용히 속삭이듯 써 내려간 문장들의 모음입니다.

저는 이 시들이 독자의 마음속에서도 그렇게 조용히 머무르기를 소망합니다. 이 시집을 통해 '늦은 오후의 끝이자 새로운 밤의 문턱에서 삶과 죽음, 고독과 사랑, 기억과 희망이 공존하는 시공간에서 독자 여러분과 조용히 마주하고 싶었습니다.

애독해 주셔서 감사합니다. 그리고 황혼의 길 위에서 우리 모두의 걸음이 색 곱게 물들기를 진심으로 기원합니다.

새로운 밤의 문턱에서 삶과 죽음, 고독과 사랑, 기억과 희망이 공존하는 시공간에서 독자 여러분과 조용히 마주하고 싶었습니다.

읽어주셔서 감사합니다.

그리고 황혼의 길 위에서 우리 모두의 걸음이 색 곱게 물들기를 기원합니다.

늦은 여름날
오정 심인수

오정吾亭 심인수沈寅銖 약력

- 경남 합천 출생, 시인, 서화 작가 명인(한국미술협회 제8호)
- 등단: 《문학도시》(2016년 시 부문), 《청옥문학협회》(시조 부문)
- 경력: 사)한국문인협회회원, 사)부산문인협회이사, 사)새부산시인협회이사, 청옥문학협회부회장, 고샅문학회이사, 석교시조문학회 이사, 통도사영축문학회원 전)황강문학회 회장, 부산광역시 교육원로(삼락회)이사, 부산대학교대학원 졸, 전)부산광역시 국 · 공립 중등학교 교장
- 수상: 한국 꽃문학상, 청옥문학상 최우수상, 부산예술인 총연합회 회장상, 부산광역시의회 의장상, 석교시조문학 신인상, 대한민국 미술대전 초대가상, 대한민국 미술대상전 초대작가상, 심사위원 자격증, 서예 지도자 자격증, 명인 인증패, 팔만대장경 전국 예술대전 초대작가상, 국제현대미술 우수 작가초대전 大賞, 대한민국 정부근정훈장(대통령)수훈
- 작사:「바람의 자취」작사 심인수, 작곡 이종록, 노래 sop 김은경
- 저서: 시『사랑이 머문 자리 그리움이 남는다』,
  『색 고운 황혼 녘 길 단상』, 고샅문학, 황강문학 동인지 다수
  수필『교육 궤적』시조 《석교 시조 문학》 동인지
- 이메일 : soj0713@hanmail.net

심인수 시집
색고운 황혼 녘 길 단상

인쇄: 2025년 9월 3일
발행: 2025년 9월 10일

지은이: 심인수
펴낸이: 최경식
펴낸곳: 청옥출판사
인쇄처: 세종문화사

등록번호 제10-11-05호
E-mail: sik62001@hanmail.net
전화: 051-517-6068

값 15,000원

ISBN 979-11-91276-86-2 03810

* 이 책의 무단전재 및 복제행위는 저작권법에 의거, 처벌의 대상이 됩니다.